道德讲坛

社会公德

⊙ 韩孝勇 著

海峡出版发行集团
THE STRAITS PUBLISHING & DISTRIBUTING GROUP
福建美术出版社

图书在版编目（CIP）数据

社会公德 / 韩孝勇著. -- 福州 : 福建美术出版社，2016.12
（道德讲坛）
ISBN 978-7-5393-3269-7

Ⅰ. ①社… Ⅱ. ①韩… Ⅲ. ①社会公德教育—中国 Ⅳ. ①D648.3

中国版本图书馆 CIP 数据核字 (2016) 第 322255 号

出 版 人：郭　武
责任编辑：张小芹　陈　艳
出版发行：海峡出版发行集团
　　　　　福建美术出版社
社　　址：福州市东水路 76 号 16 层
邮　　编：350001
网　　址：http://www.fjmscbs.com
服务热线：0591-87620820（发行部）　87533718（总编办）
经　　销：福建新华发行（集团）有限责任公司
印　　刷：福州华悦印务有限公司
开　　本：889 毫米 ×1194 毫米　1/32
印　　张：2.5
版　　次：2016 年 12 月第 1 版
印　　次：2016 年 12 月第 1 次印刷
书　　号：ISBN 978-7-5393-3269-7
定　　价：22.00 元

韩孝勇，笔名韩志天，八〇后诗人、作家、国学老师。

福建省作家协会会员。

福州公交车电视节目国学脱口秀《诗人学堂》主创、主持人。

主要作品：《不二情诗——每天写首情诗给你》（2016 年 10 月由福建美术出版社出版）

一生的理想：为往圣继绝学！

目　录

曰“仁”

曰“义”

曰“礼”

曰“智”

曰『仁』

仁者爱人

孔子曰："道二，仁与不仁而已。"

孟子曰："仁者无敌。"

那么，何谓仁？

孔子曰："泛爱众而亲仁。"

孟子曰："仁者爱人。"

《说文解字》里说："仁者，亲也。"

韩愈说："博爱谓之仁。"

简而言之，仁就是爱人，由近及远，从爱亲密的人到爱陌生的人。

仁，是今日我们所主张所倡导的社会公德的首要精神。人不爱人，何以行公德？

翻开中国古代浩瀚的思想书，我们会发现数不清的仁字。古代尚儒，而儒家以仁为本。孔子首倡仁爱精神，孟子则进一步把它运用在政治上，形成了有血有肉的仁政理念。

仁政的内容繁多，比如，以民为本，民贵君轻；比如，反对战争，好德止杀；比如，置民恒产，立民恒心。不论是哪一种仁政，它的思想基础、智慧源泉都是孟子的另一个伟大理论：人性本善。

孟子相信，历史的走向是天下归仁，因为他相信，人之初，性本善。

荀子，比孟子年轻一个甲子，虽然同为儒家大家，理念却截然相反，仿佛专门与那位前辈唱反调。孟子主性善，荀子主性恶。

荀子认为，人之生也固小人。为什么呢？因为与生俱来的食色之欲和哀乐之情。而趋利避害、好逸恶劳，又是人类作为一种动物的本能。其实，荀子也认为，人性本始材朴，既有向恶的必然，也有向善的可能。要改变那种可怕的先天必然，就得依靠后天的人为努力。所以，他提出了“伪”的概念，并不是虚伪、伪装的意思，而是指人的正利和正义的行为。他说，心虑而能为之动谓之伪，虑积焉、能习焉而后成谓之伪。翻译成现代汉语，就是用后天的正向思虑和学习来改造人的恶之本性。

孟子也承认欲望、情绪和人心之恶的存在，也主张用行动来扬善去恶。然而，他强调的不是改造，而是复原，因为他始终坚持人性本善。所以，他呼吁人们向内看，回归自己最初的善性，拨开欲望的迷雾去沐浴纯净的月光。在这一伟大号召的影响下，一千多年以后，在石头做的棺材里顿悟心学大道的王阳明先生提出了致良知的学说。致良知的理论基石，即是孟夫子所坚守的信念：人性本善。致良知，就是发掘人的善之本性、开凿人的洪荒之力。

何以见得人性本善？

因为人有四大善端。这些善端是不学而能、不虑而知的，如同小婴儿渴而能饮、饥而能食，不用人教，在襁褓之中就具备。

四端，又称四心。

孟子曰：恻隐之心，仁之端也；羞恶之心，义之端也；辞让之心，礼之端也；是非之心，智之端也。

有目共睹，排在首位的是仁，可见其重要性。孔子曰：“人而不仁，如礼何？”没有仁的精神，礼就是虚设，而义和智也是奢谈。

仁的存在，是因为每个人都生而有一颗恻隐之心。我们现在说同情心、同理心，在孟子的概念里，是谓不忍人之心。

不忍人之心，即是老百姓常说的将心比心，不忍他人受苦受难，从而克制自己的欲望、停止自己的恶行。由人及己，进一步推己及人；己所不欲，勿施于人，又进一步立人立己、达人达己。

不忍父母受倦累孤独之苦，就会时时替父母分担并常伴左右；不忍爱人受被欺骗被离弃之苦，就会把出轨当作伤害、努力地忠于爱情忠于婚姻；不忍孩子受无人关怀无人疼爱之苦，就会减少应酬、忙里抽闲去注目孩子的成长；不忍朋友受危难之时独木无援之苦，就会慷慨相助、同舟共济；不忍陌生人受病痛灾祸之苦，就会雪中送炭、略尽绵薄之力。

孟子为阐明不忍人之心，举了一个简单的例子：有人看见孩子坠入井中而奋不顾身地去救，他和这个孩子非亲非故，也未必能得到孩子父母的酬金和人们赞誉褒奖，却为什么甘冒风险和死神一搏呢？真相只有一个：不忍可爱的孩子命丧可怕的井中。拯救无辜于水火，这是一个人的天性本能，只要他良知未泯。千钧一发之际，力所能及，就不会有这样那样的顾虑考量。纵然无力直接援手，也会尽己之心、想尽办法。北宋的史学家政治家司马光先生正是如此。

司马光砸缸的故事流传久远，所流传的既是年幼的司马光急中而生的智慧，也是一颗天然纯粹的不忍人之心。小伙伴失足掉入大缸里，如果司马光和其他的小伙伴们不以为意、一哄而散，或者因为恐惧而无所适从，又哪里会有举石砸缸巧救人的美谈佳

话呢？某种意义上说，砸缸的智举善行，是司马光对不忍人之心自我开发的结果。而后来司马光成为一代名相并修纂《资治通鉴》，造福天下国家，首先是因为他的胸中怀着一颗渐渐成熟的不忍人之心。仁者情怀始于此也。

日月流转，千年一瞬，孟子已逝，司马光不再，但光阴磨灭不了人性之善。不忍人之心，依旧人人皆有之。

不忍人之心成就仁者爱人之心，有爱人之心，方能践行今日的社会公德。

倒推而言，社会公德的基础是仁爱，而仁爱的发端是不忍人之心。

当我们发现自己和社会公德渐行渐远的时候，请回归内心，寻找那份最初的善良，它会赐予我们无穷的力量。谨记，“公德”无量，仁者无敌。

仁者爱国

仁者爱人，仁者亦爱国。

翻阅史书典籍，我们会发现，凡以仁德著称的古圣先贤，无一不是爱国者。

孔子是最杰出的代表。他爱鲁国，也爱天下。

孔子的一生只致力于做两件事，其一，改良鲁国的政治，其二，复兴西周的文化。

孔子中年以后周游列国、游说诸侯，一方面是在鲁国不容其道的情况下放踵天下，另一方面则是传播鲁国保存下来的西周礼义文化。不遗余力，历尽挫折，挨饿受冻，不惜成为他人眼中的丧家之犬。

天下攘攘，皆为利往，孔子却殚精竭虑、直道而行。在那样浊乱浮躁的世界里，追求革故鼎新的事业，可谓明知不可为而为之。蚍蜉撼大树，未必不自量，在必要之时，那是一种巨大的勇气。孔子就是凭借着他的使命感和道德勇气而一往无前的。道德勇气哪里来？毫无疑问，来自于对家国天下的热爱。

当年老体衰跑不动的时候，孔子便退而求其次，回到鲁国著书立说、传道授业，把生命的余热发挥到了极致。呕心沥血，匠心独运，韦编三绝，至死方休。《诗经》《尚书》《春秋》《论语》，无论删编、改编还是以述为作，孔子都做到了极致。中华文明的瑰宝四书五经，孔夫子的思想贯彻始终，作为后人的我们在叹为观止的同时，也要思考一个问题：为什么孔子能够达到极致的境界？

行到极致，因为爱到极致。

青史流芳的人，有哪个不是对天下国家爱到极致？

屈原为了使楚国摆脱危局并且强大起来，极力追求美政理想，信而见疑，忠而被谤，在奸佞宵小的围攻下，虽九死其犹未悔，

始终坚持自己的正义主张。后来两度被流放荒远之地，无论是在汉北还是在洞庭，他都把家国梦想寄寓在他的诗篇里，在吟游之间上下求索，尝透了孤独和苦难的滋味，也把热爱与热血挥洒得淋漓尽致。

《离骚》是屈原的乱世家国梦。它的诞生，既是因为屈原和楚国蒙受的不幸，更是因为屈原于艰险困厄的悲惨世界中宁死不忘的初心。众人皆醉我独醒，举世皆浊我独清。这样的坚守，必有一股强大的力量在支撑。所以说，无爱无《离骚》，无国无屈原。当楚国覆亡，诗人投江。

后世学者说，屈原一生的遭逢是国家不幸诗家幸，事实似乎的确如此。然而，对屈原来说，如果楚国可以重生富强，他宁可不做万世“诗”表。

屈原死后不久，楚国复活了一段时间。西楚霸王项羽造就的不世之功，绝非因为他勇武过人，巨大的力量来源于楚地人民对祖国的热爱和一个执着的信念：楚虽三户，亡秦必楚。

自古以来，任何时代的伟大变革，都离不开仁人志士的爱国激情。

《后汉书》的作者班固为击败匈奴的大将军窦宪起草刻在燕然山石头上彰显功绩的铭文，其中有一句，犯我强汉者，虽远必诛。它是电影《战狼》主题词“犯我中华者，虽远必诛”的原型。为什么一介书生班固的绣口能吐出如此豪言壮语？因为他有一个至爱的梦想：保家卫国。

王安石变法，三起三落，不畏浮云，不惧渊薮，百挠千折不回头，苏东坡称之为拗相公。为什么一个老实本分的文化人会这么拗？因为他有一个至爱的梦想：富国强兵。

林则徐虎门销烟，有进无退，公而废私。他说，苟利国家生死以，岂因祸福避趋之。为什么？因为他无法忍受伟大的国家在鸦片的毒害中沦落。

爱国者，不分地域，不论职业。爱国，未必要有多么特殊的贡献，因为爱国是一种情怀和精神。无论走到哪里，去国怀远；无论富贵贫穷，不忘根本。当有能力和机会的时候，为自己的祖国做一些力所能及的事情。

爱国需要理性。以仁者的视野、胸襟和品行去展现中国的风度。比如，到国外旅行不乱扔垃圾。

爱国首先要爱她的文化。以仁者的担当、智慧和德行去传承中国的精神。比如，放下手机，多读一读中华典籍。

仁者爱乡

从古至今，中国人安土重迁，因为有一种深深的故乡情结。

迫于事业和生活的需要，人们不得不背井离乡，但是，回家，始终是游离在外的中国人，不能忘却的一个梦想。可以这么说，有一种中国梦是回家的梦。

项羽把都城从富饶的关中咸阳迁至名不见经传的彭城，只因为一句话：富贵不还乡，如锦衣夜行。项羽决定锦衣不夜行，许多人笑话他脑子少根筋，还弄出了一个成语“沐猴而冠”。诚然，历史证明，在政治、军事和经济的层面，彭城都不适宜做国家的首都，而定都彭城对项羽的失败也确实产生了关键的影响，但是从人心的角度而言，项羽衣锦还乡是无可厚非的。

大多数流落异乡成异客的人很难在青春正盛之时回到故乡，但是他们往往会有一个执拗的念想：风烛残年，落叶归根。

杜甫追寻政治理想大半辈子，四处漂泊，艰难苦恨，顿挫潦倒，最后据说死在了洞庭湖的船上。诗圣的生命为何会结束在一艘破船上？这一次不再是流浪，而是回家。死在回家的路上，尝尽艰辛的诗人也许是无怨无悔，唯一的遗憾：没能到家。

外国友人不太理解中国人落叶归根的生活理念，在外地打拼了一生，好不容易安下了家，却偏偏选择在晚年的时候扔下繁华锦绣、回归乡土。如此这般，当初又何必离开？外国友人不好理解，

項
富贵不还乡，如锦衣夜行。

我们也解释不好，只能说，中国人有中国人的无奈，中国人有中国人的热爱。

当然，让外国友人无比惊诧的还有中国一个节日：春节。发生在春节期间的世界上最大规模人口流动叫春运。大年除夕之前，人们在风霜雨雪中匆匆赶路的目的地高度一致，那就是家乡。每个中国人心目中最亲切最神圣的地方。

为什么要落叶归根？为什么春节一定要回家？

因为家里有人，亲人，爱人；因为家里有情，乡情，亲情。既有所待，必有所向。

家，是人生的温柔乡；乡，是人心的避风港。

有一句现代诗是这么写的："人间最美的人是家里的人，世上最美的路是还乡的路。"

古代有一个庞大的人群叫游子，现代叫打工者，或进城务工人员，在北京的叫作北漂。现代的打工者在他乡奋斗的原因比较简单：工作和创业，要么替别人打工，要么给自己打工。而古代人成为游子的原因则相对复杂，主要是出征打仗、读书赶考、异地为官。

古代乱世不少，战事很多。在特别乱的时代，大部分的年轻男子都被拉去打仗，辗转各方，出生入死，远离家乡，能侥幸活下来的，也往往要变成老弱残兵才有回乡的机会。少小离家老大回，乡音未改鬓毛衰。文学作品里称他们为征夫，比如，范仲淹写在宁夏边关的诗篇中就有一句，将军白发征夫泪。征夫的悲哀不单单是刀光剑影、生死未卜，更多的是思乡之苦。每次作战前，都会有士兵把请人写好的遗书揣在自己怀里：致家乡，或与妻书。

在古代，读书赶考并非只是十八九岁的事情，很多人一考就是一辈子。例如，蒲松龄考个举人就考到了七十二岁，幸好他不是考进士，不必总到京城去，没有把半生光阴虚掷于北漂。所以，仕途不顺的蒲松龄是幸运的，一来成就了《聊斋》，二来他总是待在家乡，离家很近。做县令师爷也好，做家庭教师也好，虽是迫于生计，但总算立根乡土，也是蒲松龄一生的好福气。

古代为求官和做官而远走他乡的人有一个代名词叫宦游人。王勃有诗云：与君离别意，同是宦游人。

唐诗宋词的大部分都出自宦游人之手。李白、杜甫、王勃、骆宾王、白居易、杜牧、韦庄、欧阳修、苏东坡、王安石，他们是伟大诗篇的缔造者，而他们无一不是去国怀远、思乡若渴的宦游之人。譬如苏东坡，他的人生就仿佛是命运在不停地开玩笑，一次次谪贬，离乡之路越走越远，所以，他的词，虽然人称豪放，却总见得婉约的淡然忧伤，因为怀乡思人。人有悲欢离合，月有阴晴圆缺，此事古难全；但愿人长久，千里共婵娟。

可以说，诗人无不爱乡者。家乡之念，是诗人们的灵感之源，所谓思乡成诗是也。露从今夜白，月是故乡明；春风又绿江南岸，明月何时照我还？

现在许多身在海外或远离家园的人爱读唐诗宋词，也是为了从中找到家乡的温暖慰藉。

唐诗宋词，是中国人关于家乡的诗史。

爱乡，无关富贵；还乡，不必衣锦。

现代社会，随着科技和经济的发展，年轻的人们思想观念发生了巨大的变化，乡土情结渐渐淡漠。不可否认，这是时代的趋势。然而，崇尚自由往往容易迷失归宿。乡者，向也。念念家乡，让自己心有所向。离开了，勿忘归来。不要等到杜鹃鸟在耳畔长啼：

不如归去，才恍然想起：我该回家了。

能像陶渊明那样归去来兮，实在是一种幸福。

仁者爱乡。无论身在何处，时时记得并实实在在地做些贡献乡里、造福家园的事情，既是社会公德的践行，也是人生而为人的使命。

仁者爱邻

孔子曰：里仁为美。

什么意思？一种比较权威的解释是，处在仁人之间是人生的一大美事。而里这个字，有一层特殊意义，是指邻居。所以，邻居又称邻里。古人把这个意义带进了里仁为美中，里仁为美就被解读为：以仁人为邻是一种幸福。

孟母三迁，一次迁离坟区，一次迁离闹市，最后一次迁离杀猪之所、迁至了学宫旁。学宫附近仁人多，是孟母认可的里仁之地。的确如此，住在学宫旁的小孟子开始和学宫里的人们学起了各种礼仪，这为他日后弘扬仁义思想、成为儒家大师奠定了殷实之基。

以仁为邻，美则美矣，然而，仁爱是相互的。若要邻以仁待我，我必以仁待邻。因此，里仁为美，仁者爱邻。

自先秦以降，爱邻、睦邻、友邻就是官方和民间双双提倡的优秀品质，是中华民族传统的社会公德。

两汉时，尚无科举，朝廷选拔人才的一项重要制度叫察举孝廉。从汉武帝开始，各郡国每年都要向中央推荐孝子和廉吏。考评的主要内容是德行，而考评的主要方式是乡里公荐。在公开公正的前提下，邻居的评价就变得十分关键。试想，若不能以仁待邻，邻里们都在官府走访调查的时候趁机打差评宣泄不满，又如何能顺利当选孝子廉吏呢？酒在深巷不自香，明月尚需众星拱。何况

我家的猪跑到你家了。
你认为是你的，就拿走吧。
这才是我丢的猪。
我把你家的猪错认成了我家的猪，我非常羞愧。
误会一场，没关系。

睦邻友爱本是真孝子、真廉吏应该具备的品德。

诚然，睦邻友爱并非易事，不是时不时往邻居家送饺子送馒头就能做到的。

仁者爱邻，首先要有宽容的胸襟、不计得失的气度。

清朝名相张廷玉的父亲大学士张英有一个著名的六尺巷的故事流传于世。当家人和邻居发生地基纠纷的时候，他修书一封劝说家人忍让，他说：让他三尺又何妨？的确，相比失去一个友好的邻居而言，丢掉区区三尺之地着实不算什么。

类似六尺巷的故事在中国的传统文化中不胜枚举。

东汉末年，有一位名士叫司马徽，人称水镜先生和好好先生。他在后世不太有名，但他的学生现代人都认识，那就是被《三国演义》写得玄乎其玄的诸葛亮。

司马徽是一位睦邻的高手，深谙宽忍之道。有一回，邻居家的猪跑了，非说跑到司马徽家去了，而司马家恰恰有一头猪和邻家走失的猪长得相像。邻居要把那头猪弄回自己家，司马徽只是轻巧地说了一句：你认为是你的，就拿走吧。在古代，猪是农家重要的财产之一，十分的值钱。得失之际，司马徽却不以为意。几天之后，邻家的失猪自己跑了回去。邻居羞愧难当，此后便与司马家亲密无间，毕竟以高风亮节者为邻是一件极其难得的事情。

明朝的杨翥，官至礼部尚书，人称驴尚书，因为他爱骑驴，上朝下朝出门游乐都要骑着驴。

杨翥对他的坐骑甚是关爱，据说大半夜还要起身看看驴睡得好不好。然而，他的这一嗜好给邻居带来了烦恼。

邻居中有一位花甲老者，老来得子，喜出望外，最大的心愿莫过于让孩子快乐成长。可是，杨翥家的驴一叫唤，孩子就害怕，吓得大哭不止。老者想和杨翥提意见，又碍于对方尚书的身份不敢开口。后来，杨翥从别的邻居那里得知了这个情况，便默默地把驴卖了。显然，杨翥是在忍痛割爱，而且，一生俭朴的他没有了驴就只能步行。上朝路远，步行挺麻烦。麻烦归麻烦，走走更健康，为了邻里的和谐，杨翥并不在意。牺牲小我，以全大我，这或许也是杨大人出身贫寒却能做官做到礼部尚书的原因之一吧。

与邻里相处，除了开阔的胸怀，还要有一颗助邻为乐之心。

唐朝的律法中有一条是这样规定的：邻居之中若有老人膝下无子女的，应将其接至家中赡养。当然，法律的这种善意，在现实生活中存在操作的困难，但它鼓励着人们爱邻向善、用实际行动创造充满爱的邻里氛围。

杜甫居于夔州时，屋门前有一株枣树。比邻的寡居老妇时常前来打枣，杜甫每次都热烈欢迎，还和她快乐地聊天，力求使孤苦之人不觉孤苦。后来，杜甫把房子借给了远来为官的亲戚吴郎。这位吴郎却非常小气，不许妇人过来继续打枣，当然，吴郎也有可能是出于保护杜甫资产的好意。吴郎还特别筑起了一道篱笆墙。杜甫获悉此事，写了一首诗寄给吴郎，这就是著名的《又呈吴郎》。开头两句很有点同是天涯沦落人的意思：堂前扑枣任西邻，无食无儿一妇人。不为困穷宁有此？只缘恐惧转须亲。

人和人能够成为邻居是一种缘分。而人生于世，总不免有困顿的时候。当邻居陷入生活的逆境时，我们应该殷勤救济，因为爱是相互的。唯我爱邻，邻方爱我。

现代社会，人们在工作之外，总是宅在家中，宁作手机控，不串邻居门。邻居家中出事，也是事不关己、高高挂起。所以，

邻里之间愈发冷漠。然而，人是社群动物，没有哪个家庭能够完全独立地存在。远亲不如近邻，为何要故步自封呢？

人生苦短，芳邻几何？里仁为美，仁者爱邻。

日『义』

小义与大义

义有大小之分。小义为私义，大义为公义。私义乃父子之义、夫妻之义、兄弟之义、朋友之义，公义乃国家、民族、社会之义。明亡之际，顾炎武说的“天下兴亡，匹夫有责”即是大义。金庸先生的小说，贯穿其间的精神线索：侠之大者，为国为民，其所彰显的也是大义。

自古以来，当小义和大义形成矛盾的时候，仁人志士必舍小义而取大义，宛如舍鱼而取熊掌，义无反顾，毅然决然。

有一个成语叫毁家纾难，典出《左传》。

话说春秋之时的楚国发生了一场政变，大臣们杀死了骄横跋扈、欺凌王室的令尹子元，推举斗谷於菟做新的令尹，执掌朝政。斗谷於菟，姓斗名谷於菟，姓名很复杂，出身也很复杂，据说是老虎喂大的。虽然身世的传说很恐怖，但斗谷於菟却是一个心存大义的人。两度为令尹，执政二十七年。楚国上下认可的既是他的能力，更是他的胸怀、格局和为国家实实在在的付出。

斗谷於菟甫为令尹的时候，大乱初息，百废待兴。为了尽快改变楚国的疮痍之象和贫弱之状，斗谷於菟捐出了自己全部家财，全家人陷入了贫穷之境。《左传》里说他自毁其家以纾国难。

诚然，斗氏并非富可敌国之家，其所有资产对楚国的困局而言不过是杯水车薪，斗谷於菟毁家纾难，一则为表救国决心，二

把我全部的家财
都捐给国家。

则为国人追求大义做出表率，可谓抛砖引玉之举。乱世之间，楚国能够作为南方唯一的强国存在几百年，其中一个重要的原因就是楚人有这种毁家纾难的精神。

还有一个成语叫大义灭亲，同样典出《左传》。

话说春秋的卫国，卫庄公死，卫桓公继位。桓公的兄弟州吁不甘为臣，便在大夫石碏的儿子石厚的协助下发起政变。政变虽然成功了，但国民不服，为了立威，转移国内矛盾，他们便发动战争攻打邻国，结果仗打得一塌糊涂，怨声载道。州吁渴望扭转败局，让石厚去请退休的石碏出山。他大概以为，石碏和石厚是父子，就算不合作，也不至于对他产生威胁，然而，他终究是自以为。石碏不仅处理了他，连亲生儿子石厚也没放过。

石碏把吁州和石厚骗到陈国，请陈国国君拿下他们，并派亲信羊肩到陈国杀死了石厚。石厚临死前请求羊肩把自己带回卫国和父亲做个生死诀别，羊肩却说，我问过了，你爹不让。从羊肩的答话和石碏采用的婉转手段，我们可以隐约看到石碏内心的痛苦。人心都是肉长的，屠一牛羊尚且不忍，更何况父亲杀儿子。大义灭亲，实属无奈。

许多人不理解石碏的无奈，他们想，毕竟是亲儿子，犯了罪，关起来就好了，何必痛下杀手呢？石碏的回答是，州吁之乱的罪魁祸首是石厚，没有他的怂恿就不会有州吁的铤而走险，不杀石厚不足以谢国人，也不足以震慑警示那些潜在的野心家。

大义灭亲，心在滴血。之所以忍痛舍爱，是为了践行一个人的家国责任。石碏杀子，和后来的帝王诛杀叛乱的儿子不同，他的动机是纯粹的，既非因为恨，也不是为了自保，纯乎国家大义也。这样的大义灭亲，恰恰应了朱熹的那句名言：存天理，灭人欲。

做到这个六字，需要鼓起巨大的勇气、付出巨大的牺牲。

中国的历史上，弃小义而存大义的故事不绝于书。故事的主人公总是受到人们的褒奖和推崇。这并不意味着父子之义、夫妻之义、兄弟之义、朋友之义不重要，而是告诉我们，在私义和公义发生冲突的时候，我们应该如何抉择。中国的思想，素来是天下为大、社会为大。个人之义、一家之义服从并服务于社会之义、国家之义，这本是社会公德的应有之义。

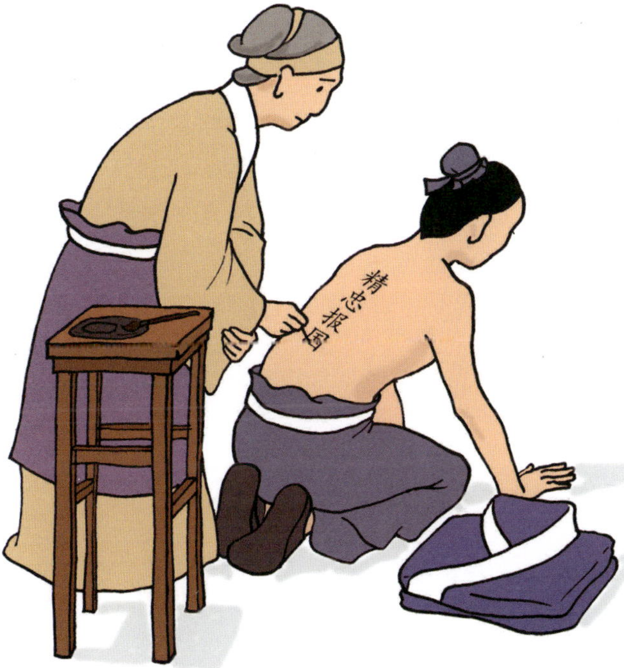

从古至今，忠孝两全一直是有识之士的人生理想。忠于国家为大义，孝于父母为小义，若两者在一个人短暂的生命中都能实现，自然是尽善尽美。然而，现实之中往往忠孝难两全，特别是在世乱国危的岁月里。例如，家喻户晓的岳飞。中国人都知道，若无岳母，便无岳飞。岳母精忠报国的教育造就了岳飞北望中原、收拾山河的决心和气概。

岳母用刺字的方式让岳飞明白了何谓取舍。精忠报国的前提是，把家埋在心底，把不能尽的孝道化作舍身赴国难的力量。

大义凛然的人，胸中都藏着一种深沉的不可说的痛与爱。

现代社会，有许多人因为投身公益事业，而忽略了家人和朋友，无聊的看客指责他们无情冷血、沽名钓誉。然而，他们的苦衷和隐痛又有谁真正地理解呢？

当然，小义与大义若能两全，那自是极好的。例如，花木兰替父从军，既对父尽了孝，又为国尽了忠；又例如，关云长挂印封金、脱曹归汉，既不负和刘备的兄弟情义，又追求着复兴汉室的家国大义。然而，两全其美，终需机缘。

正道而行，实践社会公德，爱要知缓急，义要明大小。

义利之辩

义利之辩，两千年来是一个越吵热闹的思想论题。这场辩论会断断续续地从先秦经汉唐一直开至明清时代。正方辩手自是儒家的列代“大咖们”，从孔子到孟子到董仲舒到司马光到朱熹再到王阳明曾国藩。反方辩手的阵营则相对紊乱，有道家代表团，有墨家代表团，有法家代表团，有兵家代表团，到后来还有商家代表团和部分持不同观点的儒家传人。正方反方都不否认义和利的重要性，问题是哪个更重要，是先义后利，还是先利后义，就像二十一世纪流行的那个神提问：妈妈和媳妇同时掉进河里，你先救谁？

战国时代，百家争鸣，义利之辩可谓是吵得最不可开交的时候。

孟子曰：“何必曰利？亦有仁义而已矣。”

墨子曰：“磨肩放踵以利天下。”

韩非子曰：“人逐利而为。”

孟子并非不在乎利，他很清楚，一个人无利不生，一个国家无利不立，经济对于个体和社会都是至关重要的存在。

孟子的主张中有一条叫恒产论，他说，有恒产者有恒心，无恒产者无恒心。恒产，即相对固定的资产，如田产、房产，这是典型的利。可见，孟子的思想中，利的地位并不低。但是，孟子更相信仁义的力量。因为仁义也是一种利，利人，利民，利国。

磨肩放踵
以利天下。
墨家
何必曰利？
亦有仁义而已矣。
儒家
人逐利而为。
法家

他坚定地认为，作为统治者，利了人民，富了国家，自然就可以成全自己。

所以，孟子倡议诸侯们停止不义之战、停止搜刮百姓、为民置恒产、使民有恒心，可惜，一味利己的君王们没人听他的。在王者们看来，孟子的义之道太曲折、太漫长、太理想，他们还是比较喜欢明火执仗地抢。而法家和策士们以利为本的去道德化的行动体系，对趋利成性的君王们来说，是相对直接的。这也就是为什么后世的帝王即使独尊儒术也要搞外儒内法的一个重要原因。

孟子的宗师孔子说：君子喻于义，小人喻于利。这里的小人不是指道德败坏的人，而是指小民百姓。芸芸众生要生活下去，追求利是无可厚非的，但是君子，特别是君子中的士人，食国家俸禄，就该以义为重，以义为先。

孔子、孟子以及后来的儒家圣贤，他们的义利观一脉相承：义先行于利，而利随义走。

与义相配的利，是应该坦然领受的。孔子的一个弟子救了落水的儿童，家长赠牛为谢，弟子高兴地收下了，看客们却跳起来批评他以义谋利、是个伪君子。弟子很苦恼，想把牛退回去，孔子却阻止了他。孔子对他说，你救人救得对，收礼也收得对。你收了牛，其实鼓励了更多的人见义勇为。你退了牛，反而会打击人们做好事的积极性，也会让那些受到帮助的人渐渐淡忘知恩图报的道理。

孔子的意思，人性趋利，义不能排斥利。因此，孔子收学生也会象征性地要两条肉干。

汉代大儒董仲舒说，正其义不谋其利。行公义之事，不以谋利为目的，不能为了求取回报而去救人行善，如此是本末倒置，但也不必把义当成利的绝缘体，甚至在很多时候，利可以成为义的动力。只要这个利的走向是利人、利民、利国。

孔孟之道的真正传承者都深明此义。王安石变法，张居正改革，曾国藩办洋务，无一不是为义兴利，把发展经济富国强兵作为第一要务。

反过来讲，求利者不能废义，而且要在求利之前，把义作为必要的道德考量。不义之财不可取，害德之利不可图。

先利而后义，为官者容易堕入贪黩渊薮，贫字变成贪，贪字变成贫。

先利而后义，从商者容易陷进信用危机，唯利是图，饮鸩止渴。

先利而后义，从文者容易失去文化的操守，天花乱坠，信口开河。

先利而后义，从教者容易卸下为师的责任，因“财”施教，误人子弟。

一旦先利而后义成为一种风气，法律和道德就容易形同虚置，社会弊乱丛生。老人摔倒无人扶，即是一个危险的信号。

先义而后利，正其义而不谋其利，是社会公德在人心落地生根、在人间遍地开花的先决条件。

现代社会，为追逐商业利益，有许多商家把社会公益事业当作营销产品、获取资源的噱头和手段，对公益事业实际上并不关心，甚至敷衍大众、欺瞒社会，这样的做法无异于涸泽而渔、杀鸡取卵。

诚然，救助弱者、接济贫困并非不能有商业色彩。商家因其善行而赢得口碑，从而推动其业务发展，也是利人利己、两全其美的好事。不为牟利而秉持道义，利自在义中。

重义必守信

义之重者，信也；重义者，必守信。

守信，是社会公德的首要内容。一个社会最可怕的危机，是信用危机，或曰，信任危机。当人和人之间无信可言的时候，骗子横行，欺诈成风，整个社会将陷入恐慌和迷茫。人们的精神无地可安，一切道德无从谈起。

子贡问孔子何以为政？就是如何有效地治理社会。孔子说了三点，足食，足兵，民信之。子贡又问，哪一条最要紧呢？孔子笃定地回答：民信之。孔子的想法，军队没了可以再练，粮食没了可以再种，但是一个社会失去了诚信，那就很难重新构建。也许有人会疑惑，爆发战争了，闹饥荒了，生命危在旦夕，信义固然是美德，又能有什么作用呢？孔子的理念恰恰相反，他说，“自古皆有死，民无信不立。”

民无信不立。这儿的信，既是指人民对社会管理者们的信任，也是指以信为本的社会道德体系。

子贡，孔门十哲之一，姓端木，名赐，是春秋时代最著名的红顶商人。他求学于孔子，孔子赞许他乃瑚琏之器，即像瑚琏这种祭祀专用的名贵器皿，能够担当起社会的责任。他从政于鲁、卫，官至宰相，明于行政，通达经济，士大夫夸奖他贤于孔子。当然，他最擅长的还是货殖之道，也就是经商做生意。他不仅是孔门的首富，更是那个礼崩乐坏的时代诚信致富的典范。

子贡与人交易，秉承孔夫子的君子之风，坚持君子爱财取之有道的信念。这个道，即是信用之道：固守原则，决不坑蒙拐骗。这样的商人，大家都爱和他做买卖，因为有一种特别的安全感，很放心，很放松。商场本该如此，人品可信了，商品才可靠。

子贡的经营品质被后世称为端木遗风。子贡本人也被民间当成了神一样的存在。据说，他是第一代的中国财神。

试问，自古以来有哪些商人的品格被正史记载为遗风的？唯端木赐而已。

从这个意义上讲，子贡是孔子仁义道德的真传人，因为在巨大的商业利益面前，他把守信这件极难之事坚持到了极致。

由子贡可见，真正受到社会尊敬的商人，他们的成功不仅在于财富的创造和慈善的贡献，更在于对构建社会信用体系所产生的榜样的力量。

现代社会，由于经济的快速增长，人们对物质生活的渴望愈发强烈。谁都想过上幸福无忧的日子，这是情理之自然。然而，许多人却做起了一夜暴富的黄粱迷梦，不择手段，以欺诈为能事。

有一种卑劣叫造假。曾几何时，假皮鞋遍地走，假文凭满天飞，竟至于还产生了假人，即冒充某种身份，四处招摇撞骗。注目如今的商业世界，伪劣产品比比皆是：建筑材料以次充好，充进了许多高档商品房，人们陷入了居住危机；地沟油往高处流，流进了许多高级餐厅，人们陷入了饮食危机。

有一种罪恶叫诈骗。有了电话，就有了电话诈骗；有了 QQ，就有了 QQ 诈骗；有了微信，就有了微信诈骗；有了金融的概念，就有了金融诈骗；有了养生的理想，就有了养生诈骗。最令人发指的诈骗恐怕就是传销了，编造虚拟产品，专挑亲人下手，无信竟到了无耻的地步。

商道酬信。然而，信义的坚守，非但在于商道。生活的方方面面，都要讲求一个信字。

婚姻宜守信，坚守走进圣洁殿堂时的万金一诺。不讲信用的婚姻，才是真正的爱情坟墓。

教育宜守信，一个社会里，一个学校里，一个家庭里，最最不能骗的是孩子。哪怕是万不得已，撒善意的谎言，也要悠着点。

工作宜守信。

交友宜守信。

爱父母宜守信。

……

总而言之，社会之大，人生漫漫，做人要守信。

一个有满满信任度的社会，才可能是一个有满满正能量的世界、有满满幸福感的人间。

信义，信义，无信谈何义？又谈何社会公德？

义者，宜也

简单地探讨一个问题：义者，何也？

义者，宜也。

何谓宜？应该也。义之事，宜之事，应该做的事。

什么又是应该做的事？

回归我们的初心，以善意推断之，有益于人的，有益于社会的，即是应该做的事。当然，要力所能及。

宜，还有另一层意思，是适宜。义者，宜也，就是说用适合的方式做应该做的事。

见义而为，便是如此。我们提倡见义勇为，但不主张见义强为。当力有不逮时，不要空凭一腔肝胆往前冲，要智为之、巧为之。

司马光砸缸，是典型的见义智为、见义巧为。类似的故事，在古代有很多。比如，申包胥复楚。

话说春秋乱世，伍子胥为报父兄之仇，在兵圣孙武的帮助下率领吴国军队五战五捷杀回了楚国都城，将已死的楚王从地里刨出来鞭尸。虽然这位楚王罪有应得，但楚国毕竟因此蒙羞、蒙难。为解救楚国于危难，大臣申包胥挺身而出。但申包胥不是伍子胥，他不会武功，不会带兵，而且手上也没兵。怎么办？不硬来，不拼命，而是发挥特长，智慧救国。他的特长有两个，一是跑，二是哭。他跑到了秦国，在秦王的大殿前终日哀啼、彻夜痛哭，一

秦

把鼻涕一把泪，膝盖快跪烂了，泪腺快哭干了，终于打动了秦王的铁石心肠。秦王本不想管这些别人家的破事儿，毕竟吴国、孙武、伍子胥都不好惹。然而，他实在没办法，实在是被申包胥哭烦了，赶又赶不走，只好出兵出将军，协助申包胥复楚。

有学者说，历史上有三位最能哭的人，传说中哭倒长城的孟姜女，小说中哭来江山的刘备，还有就是《史记》所载的哭出一个新楚国的申包胥。虽然是戏谑，但也是对申包胥智为义举的肯定。

申包胥之所以能成功复国，一来是因为他在国难之时当仁不让地做了自己应该做的事；二来是因为这件应该做的大事，力不能及，智慧为之。

百年之后发生的围魏救赵，其实也是这么一回事。当时齐国上下，除了齐王和田忌，几乎都反对救赵，他们不想得罪嚣张的魏国。但田忌坚定地认为，救赵是符合齐国利益和天下大义的事情，是应该做的事情，于是坚持说服齐王下决心出兵抗魏。魏兵势强，魏军主帅庞涓极善用兵，硬碰硬的话，齐国并无胜券。犯难之时，急中生计。田忌的军师孙膑拟定了一个极妙的作战方案：围魏救赵。

围魏救赵，就是不走寻常路，或者说逆向思维。救赵却不发兵赵国的邯郸，而是绕开魏军主力去攻打魏国兵力空虚的都城大梁。很快，大梁告急。庞涓不得不率军回援，不知不觉地钻入了孙膑田忌布好的口袋。这个口袋叫桂陵。桂陵之战的结果可想而知。庞涓劳师远撤，士气衰弱，虽说身经百战，在十面埋伏之中也不堪一击。

围魏救赵的大戏并没有就此落下帷幕。十年之后，同样的戏

赵国危难，如何救赵？
向魏国的国都大梁进军，魏军必然放下赵国回师自救。
齐
魏
赵
魏

码再度上演，魏国攻韩，韩求救于齐，田忌孙膑围魏救韩。还是那些主人公，但故事结局却不一样了。这回的口袋叫马陵，是一代名将庞涓的葬身之地。此后，战国初期的霸主魏国一蹶不振，再也无力四处叱咤、欺凌弱国了。加上秦国的崛起，战国时代的政治格局因此改变。

其实，围魏救赵、围魏救韩，并不显得田忌孙膑有多大的智慧，他们只是在合适的时候在合适的地点采用了合适的办法、做成了一件应该做的事情。此谓宜也。此谓义也。

所以说，义者何也？义者宜也。

曰『礼』

规则之道

说起社会公德，人们最常讲的大概就是文明礼貌了吧。

毋庸置疑，无论现代社会，还是古代社会，礼，都是政治、经济和日常生活的重要内容。

孔子提倡的君子人格，礼是第一位的品行。他说，克己复礼，天下归仁。

孔子极为推崇一本书，书的名字叫《礼记》。他认为，礼的作用是立人、立家、立国。而春秋时代礼崩乐坏的社会现实，更让以孔子为精神领袖的儒家把传播礼的思想、重构礼的世界作为自己的使命和担当。此后的两千年，不管儒家发生了怎样的蜕变和裂变，礼，都是他们不变的坚持。

在儒家的理念里，一个人，不能无礼，所以要以礼修身；一个社会，不能无礼，所以要以礼治国。国之四维，礼义廉耻。治国平天下，礼是当仁不让的排头兵。

历代信奉儒家哲学的统治者，都用礼来教化民众，渐渐发展出了历史上知名度极高的礼教。

礼教并不是一种宗教，也不是类似于神龙教明教的教派。礼教是指以礼为本的教育、教化。教育的对象不单单是有学习任务的青少年即古代所谓的书生，更是社会上的普罗大众。在古代统治者看来，布衣百姓可以没文化，但不能不知礼。

古代的钟鸣鼎食之家对女孩子的要求，一则无才便是德，二则必须知书达礼，要掌握各种礼节礼仪。就像《红楼梦》里所写的那样，贾史王薛四大家族都是要给孩子们请礼仪方面的家庭教师，特别是对女儿们，犹重礼的教育，生怕她们嫁出去之后有失礼节，丢了家族的脸面。

所以说，礼是国之重器、家之圭臬。

那么，礼为何意呢？

随着时代的进步，现代社会的礼相对简单，古时候那些桎梏心灵、扭曲人性的糟粕内容已被弃若敝屣，鲁迅小说和杂文里痛斥的封建礼教已不复存在，曾经压着白娘子的雷峰塔早已倒掉。

然而，现代的礼的内容也并非只是礼貌而已。故而，我们提礼貌，之前总会加上文明二字。在公共场合乱扔垃圾、大声喧哗之类的不文明行为，也是与礼不合的表现。

在古代，礼的定义是非常明确的，两个字：纲纪。

由北宋王朝出品、司马光主编的鸿篇巨制《资治通鉴》是以说礼肇始的，写的是拉开战国帷幕的韩赵魏三家分晋的故事。司马光评论此段历史，铿锵有力地道出了礼之真理：礼者，纲纪也。

纲纪，翻译成现代汉语，即是规则。

无规矩不成方圆。规则的存在对于一个社会的和谐发展是至关重要的。古代的礼是具有法律效力的，因此礼和法常连在一起说。在一个宗族里，谁若不守规则、做了悖礼的事情，是可以被施予私刑的。

《红楼梦》中有一个著名的故事，叫宝玉挨打。贾宝玉挨谁的打？自然是他老爹。为什么挨打？因为一个叫金钏的婢女投井自杀，外边传言是宝玉欺凌了她，这是败坏礼法的事情。所以，贾政把宝玉打得皮开肉绽，在当时来看，并没有错，因为那个时代还没有不得体罚孩子的教育理念。而且，贾政的动机也是为了捍卫礼法纲纪。唯一错的是，贾政这位封建家长不分青红皂白，冤枉了好儿子。当然，宝玉同学平日里的不加检点、乖悖乱礼是导致贾政冲动的重要原因。

规则之道，乃是人、家和国赖以良性成长的必由之路。

礼的存在和兴起，就是为了使规则成为人们生活的一部分。

在现代社会，礼貌是进行社会交际的规则，而文明，则是维持公共秩序的规则。

非礼勿视，非礼勿闻，非礼勿言，非礼勿动，谨守礼这样的规则，既是尊重自我、尊重他人，更是尊重社会、尊重世界。

无论是职业、婚姻，还是生活的其他方面，行而有礼，心怀规则，我们才能找到为人处世的方向。

礼让三先

礼让三先一词并非成语，它诞生自一九六〇年代。提出这个对人们生活产生重大指导意义的理念的人，并非学者文豪，而是一位普普通通的车辆监理所的工作人员。他通过几十年累积的工作经验，“发现”了改善交通状况、减少交通事故的不二法门，那就是人们的自觉，礼让的自觉。

所谓三先，即是行车过程中先让、先慢、先停。文明出行，严守交规，宁等三分，不抢一秒。

后来，善于举一反三的聪明的中国人把礼让三先的精神推广到了生活的诸多方面，比如，乘坐交通工具时，先让老人坐、先让孩子坐、先让孕妇坐、先让残疾人坐。补充说一下，礼让三先在被广泛应用的过程中，三只是一个概数，代表多的意思，就像孟子曰吾一日三省吾身的三。

礼让三先，承继和发扬的是中华民族传统的辞让的精神。

孟子曰：辞让之心，礼之端也。

辞让又称推让、避让、退让、诚让、恭让。显然，与辞让相匹配的是温良恭俭的态度和品性，又一个字来概括的话，可以是谦。

谦谦君子，彬彬有礼，以德为让，和谐天下。

知谦行让，不仅能赢得别人的尊重，而且还能在关键的时候化解各种危机。

战国末期，有一个著名的故事叫完璧归赵。故事的主人公蔺相如以三寸之舌和高明智慧捍卫了国家的尊严和利益，赵国拜他为上卿，不拘一格地给予了他应得的回报。那么，问题来了。什么问题？一个人升迁太快，自然会有人不服，更何况蔺相如只是布衣出身、一介文弱书生而已。不服者的代表是身经百战、攻无不克的老将廉颇。廉颇对人说，蔺相如不过口舌之功，却位列群臣之首，太不合理，我一定要找机会好好羞辱他一番。蔺相如听闻此事之后，采取的应对之策是谦让。时常请假不上朝，尽量避开廉颇。实在免不了要碰面，也是一副恭谦的姿态，极尽同僚之礼，绝不和廉颇争位次。有一回，在街市上蔺相如的车和廉颇的车狭路相逢，这种情况，倘若互不相让，是很容易爆发冲突的。蔺相如深明利害，矛盾一触即发之时，他选择了退让：您先走，不要客气。

蔺相如不过口舌之功，却位列群臣之首，太不合理。
我们深感为耻，请求离开。
先国家之急而后私仇。

蔺相如的门客看不不去了，他们觉得自己的东家太怕事太软弱，于是，他们向蔺相如口头提交了辞职报告：我们深感为耻，请求离开。蔺相如很淡定地答复道：先国家之急而后私仇。言下之意，我让廉将军，是为国家计，文武相斗，必害国政，最终得益的只是觊觎我国的虎狼之秦。

这番对话传到了廉颇的耳朵里，廉颇羞惭万分，对自己的错误恍然大悟。

廉颇能成为战国时代首屈一指的名将，除了会打仗之外，必然也有较高的个人素质，明礼知耻。因此，认识到自己的无知无礼之后，廉老将军赤膊负荆，向蔺相如行了一回请罪大礼。蔺相如则表示受宠若惊，两个人一拍即合，就此结为刎颈之交。这就是家喻户晓的将相和。

蔺相如的宰相气度，恰恰应了老子的那句玄妙之语：不争，莫能与之争。

自古以来，老成之人，相忍为国，大成之士，以礼谋国。

礼以谦为心，但这并不意味着卑和弱。蔺相如在完璧归赵和渑池之会的过程中，对傲慢张狂、恃强凌弱的秦王从来都是有礼有节而不卑不惧。

礼让，辞让，谦让，表面上是要吃点亏的。然而，请相信，礼之行也，失而必得。纵使不能受益于他人，也能有助自身的成长，比如，磨砺心性，打开格局。此谓利失而心得也。

《菜根谭》里说：“路径窄处留一步与人行，滋味浓的减三分与人食。”这也是礼让。

为什么要礼让？为精神之成长。

非礼勿言

说话，是一门技术，更是一门艺术。一方面，说好话，另一方面，好好说话。

好好说话，即是态度平和、非礼勿言。

非礼勿言，口不出伤人之语，不讲违反规则的话。

这很重要。

一个公德美的社会，首先是一个语言美的社会。

作家、学者柏杨先生写了一部题目很惊悚的书，《丑陋的中国人》。作者以恨铁不成钢的态度批判了国人的诸多陋习。譬如，脏乱吵，滋扰环境；譬如，窝里斗，不尊重规则；譬如，不爱排队，不守秩序；譬如，己所不欲，总施于人。

柏杨笔下的国民劣根性大都与礼相关，其中，言而无礼，是让柏杨相当痛心疾首的。

不习惯使用"您"之类的敬称，不爱讲对不起、谢谢、没关系，热衷于讲大话，痴迷于讲空话，不耻于讲假话，撒谎成性却以为自己颇具善意，时不时还卖弄卖弄毒舌，诸如此类的非礼表现，均是负能量。一个倡行公德、推崇正能量的社会，是应该摒弃这般不良积习的。非但是语言的问题，更是心的问题。

排除心灵的毒素，从言语开始；创造社会的美好，从言之有"礼"开始。

现代社会，随着经济和娱乐业的发展，人们越来越重视容貌，也就是所谓的颜值。殊不知，比颜值更重要的是“言值”。言值者，语言价值也。

语言价值，即是语言中所包含的智慧。而语言的第一智慧，是非礼勿言、言之有“礼”。

古代的能言之士，从来不会信口开河、出口成“脏”。他们的语言有礼有节、有理有据，哪怕是辩论和骂人。

诸葛亮的传奇之中，语言是他的智慧人生不可分割的一部分，而且分量极重。在《三国演义》这部历史小说中，孔明兄有两个用语言担纲的故事，脍炙人口：舌战群儒和骂死王朗。

舌战群儒自不必说，骂死王朗更是诸葛亮的绣口杰作。重点不在于他竟然把人骂死了，而在于他既言之有理、又言之有“礼”。

诸葛亮北伐之时与曹魏两军对垒，魏国的司徒王朗策马出阵，指责诸葛亮师出无名，相当的得意嚣张，自以为能凭口舌之劳、不战而屈人之兵。面对王朗的挑衅，诸葛亮不急不躁，谈笑之间予以反击，义正词严，批判曹魏篡汉、王朗助纣为虐，理直气壮，为自己奉诏讨贼、匡扶汉室正名。从天理说到人道，从历史说到现实，逻辑上严丝合缝，措辞上高度文明。诸葛亮用得最狠的词也只是禽兽二字，但这并不是粗言秽语，词出有典，圣人云：人而无礼，不啻禽兽！王朗老先生代表曹魏以正统自居，但在诸葛亮的眼里，曹氏废汉自立是大逆不道的悖礼之行。

其实，王朗并非被诸葛亮骂死的。人怎么可能被骂死呢？据文学评论家和《三国演义》粉丝的科学分析，王朗之死应该是受了刺激而引发心肌梗死或者其他什么疾病，摔下马背、来不及施救导致的，毕竟七十六岁的高龄了。

诚然，诸葛亮骂死王朗不是真实的历史，历史上的王朗病死在诸葛亮街亭战败之后。《三国演义》的作者罗贯中之所以对历史进行如此艺术加工，想必是为了表现言之有“礼”的力量。

礼之言也，怀诚持信，不卑不亢。

和崇礼善言的人交谈，如沐春风。中华两部奇书的诞生：《论语》和《世说新语》，就是因为有这样的人存在。

礼的精神

现代社会公德之文明礼貌的内核，即礼的精神，一曰规则，二曰谦让，三曰敬畏。

礼之存也，敬人畏天。人者，心也；天者，理也。不说违心话，不做违心事，不为昧心人。

礼的繁体字，左边是一个示，右边是一个豊。豊的读音与护相同，意思是古时候行礼用的祭器，一般是青铜制品或玉制品，相当贵重。使用如此祭器，可见我们的祖先极重祭礼，因为祭礼的对象是天和鬼。说明了先秦典籍里的鬼和《聊斋志异》中流离荒野不能投胎的鬼不一样，它用来指代逝去的先人，是一个让人们充满敬畏感的词。

示和豊加在一块构成了古代的礼字，意味着礼的产生是缘于人们要把内心的敬畏展示给上天和祖宗看，以阐明自己对天理人伦的信守。而上天和祖宗毕竟是虚拟的，随着思想的发展，礼的概念渐渐延伸拓展到人的身上和社会治理的层面。西周制礼，对各社会阶层之间及其内部的礼仪做出了细致而严肃的规范，以树立人类社会的敬畏精神——敬人心，畏公理。

子不语怪力乱神。孔子从来不谈鬼神之事，并不是嫌恶鬼神，而是心存敬畏、非礼勿言。孔子极度重视对天地和祖先的祭祀，并不是迷信愚顽，而是心存敬畏、正礼而行。

孔子教导弟子说，出门如见大宾，使民如承大祭，己所不欲，勿施于人。言下之意，做人处世要恭谨，修身治国要慎重，对个体，对民众，对社会，对国家，都应该心存敬畏。

许多人对王阳明心学理解是，纵情任性，随心所欲，这是天大的误会与可怕的曲解。王阳明说，天理常存，方能从心。敬畏，是一个人心灵洒脱的前提。尧与舜战战兢兢，周文王小心翼翼，都是敬畏的表现，才是心体的自然。依据王阳明的思想，回归本心（致良知）是为了寻找敬畏，以心为用（知行合一）是为了修行敬畏。

敬畏，是礼与法的根源。当欲望蠢蠢而动，有悖礼甚至乱法之危的时候，敬畏之心是否犹存，就成了关键所在。历朝历代，乱世的形成，都是因为人心已无所敬畏。秦末暴乱，汉末逐鹿，隋末纷争，唐末动荡，元末混战，最终站出来、能够收拾残局的人，必然以复礼兴德、重构敬畏为第一要务。

结束三国的晋朝之所以不能长久，主要是因为上层社会没有担当并完成这个历史使命。晋惠帝的皇后贾南凤乱礼乱政，而晋惠帝司马衷自己也没做到对百姓和国家的敬畏。当官员向他汇报灾荒严重、尸殍遍野、人民开始啃树皮乃至易子而食的时候，他竟然十分天真地问：何不食肉糜——灾民没米饭吃，为什么不喝肉粥呢？这种神提问，不是缺乏常识，而是缺乏敬畏。紧接着，爆发了八王之乱；紧接着，是更大的悲剧：五胡乱华，百年板荡。

使北方趋于统一和稳定的北魏王朝，它的成功并非攻城略地，而是汉化改革。由北魏孝文帝元宏（拓跋宏）主持、太皇太后冯氏（电视剧《锦绣未央》主人公李未央的原型）在幕后指导的汉化改革，其核心就是学习效仿汉人的礼法，使整个北魏社会怀抱

敬畏之心。

无论古今，礼，都是社会公德至关重要的表现形式，而敬畏，则是所有礼仪礼节名副其实的精神保障。

不怀敬畏的礼是虚礼，心无敬畏的人是空洞的人。

敬畏自然，才有真正的绿色环保；敬畏环境，才有持久的干净卫生；敬畏生命，才有务实的仁爱慈善；敬畏家庭，才有勇敢的热爱坚守；敬畏时代，才有奋力的革故鼎新。

电视台曾经反复播放一个反对猎杀鲨鱼和大象的广告，主题词是：没有买卖，就没有伤害。反过来说，人心若敬畏，社会则和谐。

食品的生产者若是多几分敬畏，人们又何至于谈地沟油而色变呢？如果人间充满敬畏，食品危机将不复存在。

以欺诈为生财之道的人若是多几分敬畏，人们又何至于看到陌生电话不敢接？如果人生充满敬畏，诚信危机将成为历史。

敬畏，以理义公德为心，以礼仪法律为形。

所以说，礼的精神，敬畏为本。由敬畏出发，谦让和遵守规则才能成为自然而然的品性。

曰『智』

知行合一

公德，不仅是仁、义和礼，还是一种智慧。

圣人云，德者，智也。

公德之智，首在于行。

曾几何时，聪明的现代人发明了一个有趣的词叫宅男宅女，用以指代那些像冬眠的熊那样窝在家里玩游戏、看电视、刷朋友圈、睡觉甚至发呆的人们。如果不必去工作，他们宁可宅中成佛。其实，熊尚且要出没，更何况人？

或许有人会问，我宅在家里读书学习，不好吗？

固然好，但又不大好。陆游有诗云：纸上得来终觉浅，绝知此事要躬行。

诸葛亮说宁静致远，讲的是心态，而非状态。足不出户能知天下事，是夸张的说法。诸葛亮在躬耕与苦读之余，喜欢四处云游、广交益友，因为他知道，坐而论道，不如行而求道。

王阳明曰，知行合一。知者，行之始；行者，知之成。知和行不可割裂。

现代的国人对社会公德的内容大多有一定程度的认知，毕竟义务教育、知识普及，从小学开始，老师就耳提面命，不厌其烦地告诉我们什么是文明礼貌、什么是思想品德。小时候学习好的朋友，大概还能把那些公德课文倒背如流。然而，许多人停留在了知的层面。

可以这么说，之于公德，现代人最不缺的是知识，最缺的是行动。

知道就好，说说而已，已然成了人们推动社会公德发展的最大障碍。大家都知道行为要检点，但依旧有人乱扔垃圾、随地吐痰；大家都知道语言要文明，但依旧有人大声喧哗、口无遮拦；大家都知道助人为乐是好事，但依旧有人不愿意“拔一毛而利天下”；大家都知道奉老爱幼是责任，但依旧有人在恶意地制造着“空巢老人”和“留守儿童”。

道德，从来就不是大脑和嘴巴的造物。在传统的智慧里，德大抵可分为两部分：德性，德行。也就是说，道德，源于品性，成于行动。说道德话，不如做道德事。如果不做道德事，道德也就成了镜花水月、空中楼阁。

中国历史上，真正的有德之人哪个不是地地道道的实践派？

范仲淹在《岳阳楼记》里写道：先天下之忧而忧，后天下之乐而乐。这句千古名言既不是灵光一闪的高调，也绝非沽名钓誉的空谈。范仲淹穷尽一生之力为国家排忧解难。

北宋明道二年，章献太后驾崩，仁宗皇帝亲政，百废待兴之时，范仲淹奉召入朝。七月，旱情如火，蝗灾如荼，江淮蒙难，京东告急。用什么来拯救百姓？行动！

当社会的危机迫在眉睫，唯一智慧的选择就是挺身而出，果断地采取行动，当然，是理性的行动。

范仲淹奏请朝廷派人巡视灾情，仁宗竟不以为意，或许他觉得灾荒年年有、不必大惊小怪。范仲淹并没有因碰壁而放弃，他发挥了自己的文学特长、用假设和对比的方法讽谏仁宗：“倘若宫中停食半日，陛下该当如何？”己所不欲，推己及民，皇帝陛下幡然醒悟，于是，委派范仲淹安抚数十万灾民。范仲淹奉召济民，开仓赈灾。大灾过后，范仲淹把灾民聊以充饥的野草当作“纪念品”带回皇宫赠予皇帝，希望借此告诫皇帝和百官：天下忧患，骄奢亡国。

怀抱实干兴邦的梦想，庆历三年，范仲淹携手当时名臣韩琦、富弼、欧阳修，拉开了波澜壮阔的北宋政治改革的序幕，史称庆历新政。庆历新政，针对冗官冗员、人浮于事这颗社会毒瘤，雷厉风行地整顿吏治。

不久后，庆历新政就夭折了，夭折于官僚们的反对阻挠，更夭折于庆历皇帝宋仁宗的犹疑反复、优柔寡断，显然，这位拥有雄心抱负的帝王面对朝廷病疣、社会顽疾，最终成了思想上的巨人、行动上的矮子。

历史见证，范仲淹是一个行动者、实践家，他有忧患意识，更有实干精神。所以，他对后世的影响，不止于言论，还有诸多事迹。不管身居何职、身在何地、身处何境，他都努力地把情怀和信念付诸实践：做盐运小吏时，修筑海堤，防洪安民；做封疆大吏时，巩固边防，保家卫国。

心怀道义，积极作为，无论在哪个时代，这都是仁人志士们之于社会公德的正确态度。范仲淹如是，王阳明如是，曾国藩亦如是。当国家经历前所未有之变局的时候，曾国藩、左宗棠、沈葆贞、严复等人在开眼看世界的同时，更以实际行动为中国制造坚船利炮、兴办新式教育。

无知识无以成理想，无行动无以利天下。做一个有社会公德的实践者，知行合一。知行合一，也就是我们津津乐道而又流于清谈的“仰望星空，脚踏实地”。

社会公德，知之，行之，此谓智也。

乐观主义

一个社会，需要宁静的心态，方能不浮躁、不焦虑；一个时代，需要乐观的精神，方能不阴郁、不颓废。

好的人间，充满美感，充满幸福感。而创造美丽和幸福，我们必须成为乐观的人。

乐观主义，是一种智慧，是一种公德。

有哲人说过，哪怕生活苦，也不必苦哈哈，若心总是苦涩，生活又如何甘甜？

中国的传统智慧始终相信，悲喜祸福是可以转换的。

老子曰：“福祸相倚。”

唐诗有云：“从来好事天生俭，自古瓜儿苦后甜。”

转换的不二法门，乃是乐观主义。

宝剑锋从磨砺出，梅花香自苦寒来。不经历风雨，如何看见彩虹？若能相信，便能守望；若能守望，便可坚强。这就是乐观主义。

世道难免有不平，生活难免有不足。无论面对什么，都让我们面带微笑。即使是被命运装在高压锅里，痛哭也不如微笑。这样的微笑，有一种强大的力量，何止于“倾城”？这样的微笑，不仅有益身心，而且有利社会，因为它传递着友好和睦与积极向上的生命信号，所以才说，乐观是一种公德。

试想一下，人们行走在街上，相互致意，无论熟悉还是陌生，都彼此报以微笑，如此其乐融融的氛围，社会怎能不和谐？

乐观者，让自己快乐，更让社会快乐。孟子曰，独乐乐，不如众乐乐。

乐观者，担当着一种堪称伟大的使命，播撒直面忧患的人生勇气，传承以和为贵的中国品质。

苏东坡说，他的平生功业，可以用黄州、惠州、儋州三个地名来概括。因为此三地是他的谪贬之地，而且越贬越远。不惑之年开始，他的政治生命无外乎流放。变革纷争的年月，激进派嫌弃他保守，保守派嫌弃他激进。然而，苏东坡不愧是苏东坡，越流放，越豪放；越被嫌弃，越不自弃。大风起兮，浪花淘尽，中国文学史上出现了苏东坡式的浪漫主义。

浪漫主义，并不是一般人理解的风花雪月，它的核心真义是乐观精神。“但愿人长久，千里共婵娟”，这样一句毫无华丽文藻的词影响了世世代代的中国人，若无乐观，何成其美？当我们被离别之苦纠缠时，想想这句词，仿佛故乡就在眼前、家人就在身边。

“诵明月之诗，歌窈窕之章”。细细品读《赤壁赋》，我们不得不感慨：了不起的苏东坡！

中国人都知道，姜子牙大器晚成。晚到什么时候？烈士暮年！美人迟暮，凄凄惨惨；姜尚迟暮，壮心不已。夕阳西下的姜子牙，轰轰烈烈地红了一把。人们光看姜子牙先钓鱼后“封神”，觉得很热闹，殊不知，数十年如一夜，他耐住的是天大的寂寞。

不得不说，姜子牙先生扶周灭商、革故鼎新，发挥功用的，是英雄的智慧，是乐观的智慧。

诵明月之诗，
歌窈窕之章。

乐观主义，可以成就一个人，更可以改变一个天下。

乐观主义之于社会公德，是自乐而乐人、自达而达人。延伸开来，就是人们常说的助人为乐。

助人为乐，哪怕是周遭小事，扶一个人，让一个座，都可以让时代变得更美好。勿以善小而不为，寸心之意，举手之劳，我们的社会乐观其成。

知耻者智

《论语》里说，知耻而后勇；《中庸》里说，知耻近乎勇。

然而，知耻，不仅是勇气，更是智慧。

摔了跤，才知道路怎么走；受了辱，才明白人怎么做。

耻感，是自我改变的动力；知耻，是生命成长的智慧。

卧薪尝胆，因为知耻。春秋末年，越王勾践败于吴王夫差，国亡家丧，入吴为奴。在吴国的三年里，曾经高高在上、尽享尊崇的勾践，为了有朝一日归国复国，不得不含垢忍辱、苟且偷生。勾践不仅替夫差牵马执鞭，做仇人的上马石，为了进一步取得对方的信任，他极尽讨好奉承之能事。甚至抓紧机会，在夫差重病之时，为夫差舔尝粪便，以断病情。这些对于勾践而言，非但是辛苦，更是耻辱。

为虏为奴的日子，勾践深以为耻。正因如此，他才在侥幸归国之后，卧薪尝胆，每日不辍。关于卧薪尝胆，历史上有很多种说法。司马迁坚定地相信勾践以耻自励、养成了饭前尝胆之习，但没提卧薪之事。

《吴越春秋》中的《勾践归国外传》有谈到勾践卧薪，但此卧薪非彼卧薪。此处的薪不是柴薪，而是蓼薪。所谓蓼薪，就是捆在一起的苦菜。这种苦菜有提神醒脑的作用。勾践宵衣旰食、操持国事，累得不行的时候，就把眼睛放在苦菜上、刺激自己熬

夜加班。卧薪，其实是眼睛卧于苦菜上。但是，《吴越春秋》的这一版本并没有被后世的学者文人采信，大家似乎更喜欢勾践躺在柴草堆上、睁开双眼品味苦胆的样子，也许这般比较有画面感吧。还有曲艺家刻意为之添上浓墨重彩的一笔：勾践以柴薪为床，那么，以什么为枕呢？剑！颇具临上战场、枕戈待旦的意味。

无论卧薪尝胆究竟是怎样的，勾践发愤图强必然是真实的。否则，也不会有之后的勾践灭吴、称霸诸侯。知耻之心，给失败过的勾践带来了无尽的勇气和无尽的智慧。

知耻的智慧，不光是深怀耻感和拥有洗刷耻辱的决心就够了的。知耻的关键，是要明了自己为什么会蒙受耻辱、掌握变革雪耻的道理和方法。

左丘明在《春秋左传》里写道，勾践“十年生聚，而十年教训，二十年之外，吴其为沼乎”，意思是，勾践用了足足二十年的时间，生财聚财，教化百姓，训练军队，从而振兴越国的社会经济，做好充分的准备，等待绝佳时机，向吴国复仇。高筑墙，广积粮，缓称王，这些智慧，对于勾践而言，来源于耻。

知耻而智的历史典故不胜枚举，比如，家喻户晓的锥刺股的故事。

苏秦彻夜读书，困倦了，心生懈怠了，就用锥子刺自己的大腿。血流如注，苏秦却精神焕发。这不是一般人想得出的办法、做得出的事情。能行斯者，必蒙大耻。苏秦即如此。

苏秦在鬼谷子那里学习纵横之术，略有所成，便去游说秦王，不料功夫不到，在秦国处处碰壁，给秦王的十余封上书始终是泥牛入海。资财耗尽，穷愁潦倒，身名两败，心力交瘁，无可奈何之下，苏秦唯有回家乡去寻求亲人的庇护和安慰。不成想，他一到家，家里人都罢工了。妻子不织布，嫂子不做饭，父母索性不认他这个儿子。同乡邻里也来凑热闹，不仅以别样的眼光审视他，还不失时机地加以冷嘲热讽。家人的漠视，乡人的蔑视，令苏秦感受到了极深极重的耻辱。苏秦是一个有大聪明的人。他明白，雪耻的唯一路径，是向着知识之巅不断攀登，化悲愤为力量，自强不息。

苍天不负苦心人，三百六十五个夜晚的刻苦钻研，苏秦终于学有大成。再度出山，今非昔比。当年以连横说秦王，屡说屡败；如今以合纵说赵王，一说成名。苏秦成功地合纵抗秦，佩六国相印。衣锦回乡之时，曾经冷眼看他的人们何止是刮目以待？父母和乡邻不仅设下饕餮盛宴，还清道扫街出迎三十里路，妻子毕恭毕敬、不敢正视丈夫，嫂子匍匐而行、四拜谢罪。这样的风光，对于智者而言，并没有什么可骄傲的。真正值得苏秦自豪的是，因为知耻而改变了自己，因为知耻而造福了天下。

比苏秦晚两百年的司马迁替投降匈奴的名将李陵犯颜直谏、抱打不平而冤受宫刑。宫刑，作为极度残酷的刑罚，不仅是肉体上的痛苦折磨，更是精神层面的奇耻大辱。很多人受此虐刑，往往自暴自弃。然而，司马迁并没有被耻辱杀死。愈挫愈勇，发愤著史，把苦难的生活转化为怒放的生命。毫无疑问，这是面对耻辱的智慧态度。

懂得何谓耻，知道如何面对耻，不但是人在个体成长的路上应有的修为，也是在践行社会公德的过程中，应该具备的素质。

乱扔垃圾，随地吐痰，公共场合吞云吐雾，肃静之处大声喧哗，耻也；见善不为，识恶不举，为牟私利恃强凌弱，为图安乐不履职责，耻也；不孝父母，不敬师长，辜负相濡以沫的爱人，背弃真诚以待的朋友，耻也；愚昧无知，贪婪成性，骄奢淫逸悖乱道德，违法犯罪扰乱社会，耻也。这些，无论大小，凡行可耻之事，便是可耻之人。

在一个以荣辱观作为公民行为准则的社会里，我们理应知耻而为智者，不可无耻而做愚人。

人生是块“公德碑”

古代的人，不管读不读书，做不做官，哪怕是一辈子“面朝黄土背朝天”，都渴望自己的人生能有一块功德碑——为自己家庭以外的世界做点好事，顺带留个好名。武则天女士的墓碑之所以空无一字，那是因为谤满天下的她至少有一种自信：无论有多少过失，我对国家的功德也会彪炳史册。

现代人几乎不在意所谓的功德，因为我们基本忘记了古人那样“立功、立言、立德”的三不朽理想，也淡漠了“雁过留声，人去留名”的观念，现在，成名不过是为了赚钱，不赚钱要名有什么用？赚不到钱，名也就成了累赘。社会在发展，思想在改变，经济狂飙突进的时候，金钱至上的价值观再荒唐也是时代的产物，所以，物质追求在所难免，个人主义无可厚非，但是，无论如何，纵然不求功德，也不能丢了公德。

试问世间德为何物？德，是做人的规矩，是自我的约束，是人区别于禽兽的根本所在。德，仅限于自身的时候，是为私德，而放诸社会，与他人发生关系的时候，就叫作公德。其实，没有谁的品德只影响他自己，私德的好和坏、成与败，往往波及身边人、所处社群甚至整个社会。从这个角度上讲，德无私德，德即公德。

譬如，公共场合抽烟这个事情，表面上看只是个人的不良习惯，却在不经意间毒害了空气，危害了他人健康，所以，不仅公共道德不允许，连法律都出面说“NO”。

又譬如，出轨这回事，貌似只是某些人由于个人原因而背叛了自己的婚姻，其破坏力限于两个家庭，然而，他们却成了人们的坏榜样，对社会不良风气推波助澜，因此，这种行为是不能容忍的，哪怕情有可原。虽然，依据中国古代的礼法，男人可以纳妾，但是，人们尤其反感出轨这样的事，甚至到了痛恨的程度——古代有一种罪叫通奸罪。《尚书》里给通奸罪安排的惩罚是著名的宫刑，而元明清的律法则毫不手软地给了它死刑的待遇，所谓“通奸者，打死不论”。

可见，私德不好便败坏公德。反言之，善修私德，必有益于社会公德的养成，润物细无声者是也。所以，无论我们的个人生活与社会接触到什么程度，即使像陶渊明、严子陵那般遁世隐居，也不能无视人生这块“公德碑”。真正的仁人志士在修炼自己的同时，都担负着大济苍生的道义和责任，这也是一种社会公德。

古代圣贤们高度重视德行的修养，多侧重于公德的培育。孔子提倡君子人格，孟子推崇大丈夫精神，朱熹说“存天理，灭人欲”，王阳明讲“致良知，知行合一”，追寻的都是这个名叫公德的社会理想。然而，岁月流金，世事沧桑，美好的理想已逐渐被我们忘却。当我们不再追求，不再严于律己，不再推己及人，那么，公德就只能在新闻媒体的感叹声中慢慢失落。

然而，请不要忘记，无论我们是否在意，人生都是“公德碑”，都本是干干净净的一块。也许，没有人会在上面镌红贴金，但是，我们总不能自己给自己抹黑。

树立公德而守护之，是中华民族两千年来的传统智慧，作为炎黄子孙，我们万万不能让社会公德成为被忘却的人生理想。

社会公德，始于良知，止于至善，乃大智也，乃大爱也。